Keep track of everything that needs to get done. This clean and simple canvas is perfect for jotting down lists, phone numbers, appointments and tasks. The pages are perforated so they're easy to rip out and carry with you wherever you go. There are no complicated formulas for calculating priorities or pre-set formats that force you to organize yourself according to someone else's rules. Use it to manage your busy life in a way that works for you – and don't forget to relish each moment you "cross it off!"

CrossItOff.list™
Your To Do's Buttoned Up.™

CrossItOff.list™
Your To Do's Buttoned Up.™

CrossItOff.list™
Your To Do's Buttoned Up.™

CrossItOff.list™

Your To Do's Buttoned Up.™

CrossItOff.list™
Your To Do's Buttoned Up.™

CrossItOff.list™
Your To Do's Buttoned Up.™

CrossItOff.list
Your To Do's Buttoned Up.™

CrossItOff.list™
Your To Do's Buttoned Up.™

Your To Do's Buttoned Up.™

CrossItOff.list™
Your To Do's Buttoned Up.™

CrossItOff.list™
Your To Do's Buttoned Up.™

CrossItOff.list
Your To Do's Buttoned Up.™

CrossItOff.list™
Your To Do's Buttoned Up.™

CrossItOff.list
Your To Do's Buttoned Up."

CrossItOff.list™
Your To Do's Buttoned Up.™

Your To Do's Buttoned Up.

CrossItOff.list™
Your To Do's Buttoned Up.™

CrossItOff.list™
Your To Do's Buttoned Up.™

CrossItOff.list™
Your To Do's Buttoned Up.™

CrossItOff.list™
Your To Do's Buttoned Up.™

CrossItOff.list™
Your To Do's Buttoned Up.™

CrossItOff.list™
Your To Do's Buttoned Up.™

CrossItOff.list

Your To Do's Buttoned Up.™

CrossItOff.list
Your To Do's Buttoned Up.™

CrossItOff.list
Your To Do's Buttoned Up.™

CrossItOff.list
Your To Do's Buttoned Up.™

If you're feeling like there's no way you can possibly get it all done, chances are you're probably right! These simple sticky notes are designed to help you step off the task treadmill and effectively enlist the help of others. Simply write down the job you want someone else to complete, tear out the sticky note and give it to them. The bright red stripe makes the note hard to miss — but just in case — a carbonless copy remains in the book for future reference. It's amazing how much you can "cross off the list" when you have a helping hand!

to: _____

from: _____

date: _____

task

due date: _____

to: _____

from: _____

date: _____

task

due date: _____

to: _____

from: _____

date: _____

task

due date: _____

to: _____

from: _____

date: _____

task

due date: _____

to: _____

from: _____

date: _____

task

due date: _____

to: _____

from: _____

date: _____

task

due date: _____

task

to: _____

from: _____

date: _____

due date: _____

task

to: _____

from: _____

date: _____

due date: _____

to: _____

from: _____

date: _____

task

due date: _____

---

to: _____

from: _____

date: _____

task

due date: _____

task

to: _____

from: _____

date: _____

due date: _____

task

to: _____

from: _____

date: _____

due date: _____

to: _____

from: _____

date: _____

task

due date: _____

to: _____

from: _____

date: _____

task

due date: _____

to: _____

from: _____

date: _____

task

due date: _____

to: _____

from: _____

date: _____

task

due date: _____

to: _____

from: _____

date: _____

task

due date: _____

to: _____

from: _____

date: _____

task

due date: _____

to: _____

from: _____

date: _____

task

due date: _____

to: _____

from: _____

date: _____

task

due date: _____

to: _____

from: _____

date: _____

task

due date: _____

to: _____

from: _____

date: _____

task

due date: _____

to: _____

from: _____

date: _____

task

due date: _____

to: _____

from: _____

date: _____

task

due date: _____

to: _____

from: _____

date: _____

task

due date: _____

to: _____

from: _____

date: _____

task

due date: _____

to: _____

from: _____

date: _____

task

due date: _____

to: _____

from: _____

date: _____

task

due date: _____

to: _____

from: _____

date: _____

task

due date: _____

---

to: _____

from: _____

date: _____

task

due date: _____

to: _____

from: _____

date: _____

task

due date: _____

to: _____

from: _____

date: _____

task

due date: _____

to: _____

from: _____

date: _____

task

due date: _____

---

to: _____

from: _____

date: _____

task

due date: _____

task

to: _____
from: _____
date: _____

due date: _____

task

to: _____
from: _____
date: _____

due date: _____

to: _____

from: _____

date: _____

task

due date: _____

---

to: _____

from: _____

date: _____

task

due date: _____

task

to: _____
from: _____
date: _____

due date: _____

task

to: _____
from: _____
date: _____

due date: _____

to: _____

from: _____

date: _____

task

due date: _____

to: _____

from: _____

date: _____

task

due date: _____

to: _____
from: _____
date: _____

task

due date: _____

to: _____
from: _____
date: _____

task

due date: _____

to: _____

from: _____

date: _____

task

due date: _____

to: _____

from: _____

date: _____

task

due date: _____

task

to: _____
from: _____
date: _____

due date: _____

task

to: _____
from: _____
date: _____

due date: _____

to: _____

from: _____

date: _____

task

due date: _____

---

to: _____

from: _____

date: _____

task

due date: _____

task

date: _____
from: _____
to: _____

due date: _____

task

date: _____
from: _____
to: _____

due date: _____

to: _____

from: _____

date: _____

task

due date: _____

---

to: _____

from: _____

date: _____

task

due date: _____

task

to: _____

from: _____

date: _____

due date: _____

task

to: _____

from: _____

date: _____

due date: _____

to: _____

from: _____

date: _____

task

due date: _____

to: _____

from: _____

date: _____

task

due date: _____

to: _____

from: _____

date: _____

task

due date: _____

to: _____

from: _____

date: _____

task

due date: _____

to: _____

from: _____

date: _____

task

due date: _____

to: _____

from: _____

date: _____

task

due date: _____

task

to: _____
from: _____
date: _____

due date: _____

task

to: _____
from: _____
date: _____

due date: _____

to: _____

from: _____

date: _____

task

due date: _____

to: _____

from: _____

date: _____

task

due date: _____

to: _____

from: _____

date: _____

task

due date: _____

---

to: _____

from: _____

date: _____

task

due date: _____

task

to: _____
from: _____
date: _____

due date: _____

task

to: _____
from: _____
date: _____

due date: _____

to: _____

from: _____

date: _____

task

due date: _____

to: _____

from: _____

date: _____

task

due date: _____

to: _____

from: _____

date: _____

task

due date: _____

to: _____

from: _____

date: _____

task

due date: _____

to: _____

from: _____

date: _____

task

due date: _____

---

to: _____

from: _____

date: _____

task

due date: _____

task

to: _____

from: _____

date: _____

due date: _____

task

to: _____

from: _____

date: _____

due date: _____

to: _____

from: _____

date: _____

task

due date: _____

to: _____

from: _____

date: _____

task

due date: _____

to: _____

from: _____

date: _____

task

due date: _____

to: _____

from: _____

date: _____

task

due date: _____

to: _____

from: _____

date: _____

task

due date: _____

to: _____

from: _____

date: _____

task

due date: _____

to: _____

from: _____

date: _____

task

due date: _____

to: _____

from: _____

date: _____

task

due date: _____

to: _____

from: _____

date: _____

task

due date: _____

---

to: _____

from: _____

date: _____

task

due date: _____

to: _____

from: _____

date: _____

task

due date: _____

to: _____

from: _____

date: _____

task

due date: _____